So ist das jeden Tag in meinem Leben

Nick Köhler

Impressum

Bibliografische Information:

Deutsche Nationalbibliothek

Die Deutsche Nationalbibliothek verzeichnet diese
Publikation in der Deutschen Nationalbibliothek; detaillierte
bibliografische Daten sind im Internet über
http://dnb.ddb.de abrufbar.

© 2008 Nick Köhler

2. Auflage
Herstellung und Verlag:
Books on Demand GmbH, Norderstedt

ISBN 978-3-837-04603-8

Ein ganz persönlicher Dank an Alle, die mir
geholfen und an mich geglaubt haben. An
Alle, die mir gesagt haben, ich darf nicht
aufgeben und die immer für mich da waren.
Mein Dank an Alle, die Kritik geübt und
Veränderungen vorgeschlagen haben, damit
das Buch wie es jetzt ist wird.
Ein ganz besonderer Dank an meinen Schatz,
denn ohne Ihn wäre manche Zeile
ungeschrieben geblieben!

SO IST DAS JEDEN TAG IN MEINEM LEBEN

Inhalt:

Zum Anfang...

Ich möchte unterhalten!

Es gibt soviel Ernst in unserem Leben und auf dieser Welt, uns überfluten Probleme Tag für Tag und die Zwischenmenschlichkeit wird sehr häufig nur noch sehr geschäftlich gepflegt. Dabei könnte ein Lachen oder auch nur ein Lächeln, ein wenig Humor oder scharfer Sarkasmus vieles einfacher, verständlicher und liebenswürdiger machen.

Wenn man dann nun heute, als schwuler Mann, auch noch eine Beziehung führt, über die andere Menschen behaupten, es wäre immer so lustig mit und vor allem bei Einem und wir würden es so gut verstehen, uns gegenseitig auf die Schippe zu nehmen, dann ist das zwar alles andere als wahr, aber es lohnt sich doch, das ein oder andere

Erlebnis aufzuschreiben und einer breiten Öffentlichkeit zugänglich zu machen. Böse Zungen, die die Geschichten mal überflogen haben, behaupten, ich hätte nicht nur einen Hang zum Komischen, sondern auch ganz schön viel Fantasie.

Ich nenne das einfach meine ganz persönliche künstlerische Freiheit.

Es war schwer, mich selber zu überwinden zu schreiben, anstatt sich, Kartoffelchips knabbernd, Nachmittagstalkshows oder ein spannendes Vorabend-, Abend- oder Nachtprogramm im Fernsehen anzuschauen und dann direkt mit dem Frühstücks-TV weiter zu machen.

Aber:

Ich möchte dass Sie lachen. Über mich, über meine Geschichten, über mein Leben, meine Erlebnisse. Ich möchte unterhalten. Ich möchte Sie kurz entführen. Weg vom Alltag, weg von den

Problemen und hin zu einem Schmun-
zeln, einem Lächeln, einem Lachen.

Darf ich Ihnen an dieser Stelle eine
Frage stellen? Warum lesen Sie?

Ich hoffe, dass Sie es aus demselben
Grund machen wie ich.
Sie wollen sich entführen lassen! Denn
das können Bücher noch immer besser
als jeder Millionen Dollar Hollywoodfilm.
Sie können uns in eine Welt bringen, in
der alles so ist, wie wir es uns vorstel-
len, uns erträumen und erhoffen. Können uns die bösen Seiten des Lebens in
gute und die schlechten Tage in heitere
verwandeln.

Wenn es mir also gelungen sein sollte,
Ihr Humorzentrum zu treffen und Sie
sich über die Verhaltensweisen und Erlebnisse zweier junger Männer amüsie-
ren, dann weiß ich, warum ich doch
geschrieben habe, anstatt Kartoffelchips zu mampfen.

In diesem Sinne … wohlige Unterhal-
tung…jetzt geht's los!

Im Strandbad

So, geschafft. Ich habe unsere schwere Strandtasche durch die glühende Mittagshitze eines wundervollen, aber viel zu heißen Hamburger Sommertages geschleppt. Einmal quer durch den Stadtpark, weil es ja nur am äußersten Ende noch einen freien Parkplatz gab. Vorbei an Bäumen, Sträuchern und nackten Sonnenanbetern, haben wir es geschafft. Wir sind im Freibad angekommen.

Sogar einen schönen großen sonnigen Platz erwischen wir noch. Sofort breiten wir unsere fünf Mal fünf Meter große Decke aus. Mein Freund stöhnt: *„Tu die Seite mit Blumen nach unten, muss ja nich jeder sehn das hier zwei Schwule hocken!"* Ja Schatz, gern Schatz, sofort Schatz. Also, Blumen nach unten, uni gelb nach oben. *„Cremst Du mir mal bitte bitte den Rücken ein?"* Ich fragte zuckersüß um Hilfe und ernte einen schiefen Blick unter der Sonnenbrillen hindurch.

Klatsch!!

Fünfundzwanzig Tonnen Sonnencreme landen auf einem nur nullkommasiebenundvierzig Mikromillimeter kleinen Hautfleck und werden durch dreimaliges hin und her wischen verteilt. *„Gut so?"*

Ja Schatz, Danke Schatz, Wunderbar!

Ich lehne mich entspannt zurück, schließe die Augen und schrecke sofort wieder hoch. Was habe ich mir denn dabei gedacht. Nein, wie dumm von mir. Sofort springe ich auf, renne die fünf Meter bis zum Ende unserer Decke, hinterlasse einen Eindruck als wäre ich im Marathonendspurt und stürze mich auf die Badetasche. Verdutzt schaut Schatz mir zu. *„Alles klar?"* Es folgt ein noch verdutzterer Blick.
Na klar ist alles klar, aber schließlich haben wir zwei Flaschen Wasser in der

Tasche und wenn ich die jetzt da, also so quasi mitten in der prallen Sonne und ungeschützt und wegen der Kohlensäure und der Hitze... also die müssen in den Schatten. Gesagt - getan! Ich stolpere die fünf Meter ans andere Ende, laufe noch gut drei Kilometer quer durchs Stadtbad und finde schließlich, kurz hinter Dortmund, einen geeigneten Platz, an dem der Sprudel sicher schön kalt bleibt. Kaum bin ich wieder da, steht mein Freund auf und erklärt mir, er ginge jetzt aufs Klo.

Als er wieder kommt frage ich mehr als irritiert: *„Was hast Du denn da?"* Die Antwort schockiert mich. Habe ich nicht eben meine ganze Energie verschwendet unsere mitgebrachten Softdrinks kühl und endverbraucherfreundlich zu lagern? *„Nen Spezi. Gab's für einsfünfzig. Hatte Durst... Willst'e auch nen Schluck?"* Selbst wenn er mich das in der Wüste Gobi gefragt hätte.

Nein und Danke!

Verärgert gehe ich zum Beckenrand. Hops. Ein kühner, wenn auch sehr tuffiger Sprung ins kühle Nass. Zwei - drei Schwimmstöße und … Ich kann nicht mehr!!
Gott, ich werde ertrinken!
Panik steigt in mir hoch. Ich wollte doch nur braun werden.

Nun werde ich sterben!

Nur der Gedanke an das Leben an sich und an den sexy Bademeister, der mich sicher gleich retten wird, hält mich noch eine Weile bei Sinnen.

„Hier kannst Du stehen... komm wir schwimmen mal da rüber!"

Schatz steht neben mir. Jetzt ohne Sonnenbrille. Ach der Gute. Hier kann ich also stehen. Na klar. Weiß ich doch. Als wenn ich hier nicht stehen könnte. Schließlich bin ich fast zwei Meter groß. Ich kann also faktisch auch im atlantischen Ozean stehen. Aber Danke für die Hilfe. Schön dass er nicht gesagt hat hier kannst Du treiben, Fett schwimmt ja bekanntlich oben und mir somit eine kleine Spitze auf mein noch kleineres, aber stets für Depressiönchen sorgendes Bäuchlein liefert!

Wir schwimmen ein Stück. Scherzen herum und toben wie die jungen Fischlein im Wasser. Ich sterbe nicht und kurze Zeit später laufen wir pitschenass, aber vereint zu unserem Liegeplatz zurück. Ich gebe meinem Liebsten eine schöne kalte Flasche Wasser und wir hauen uns wieder in die Sonne. Liegen tue ich allerdings nicht, denn in unserer Badezeit haben neben uns zwei junge Burschen, augenscheinlich Basketballliebhaber, denn sie haben einen solchen Ball dabei, niedergelassen und wollen nun ausgiebig gemustert werden. Doch was ist das?

Ich zucke zusammen. ***Ha Ha Ha*** und ***prust, kreisch, gigger:*** *„Jaaaaaaaa.....LACH...da habe ich....PRUST...und Sie, Nein das war uhhhhhhhhhhnglaublich...GIGGER.."*

Langsam drehe ich meinen Kopf nach hinten. Mein Blick fällt auf ein ausgeblichenes Strandhandtuch, mir der Aufschrift Frauenpower, in den Gay Communityfarben des Regenbogens und auf eine sehr sehr nahe hinter mir sitzende Frau. Kurze Haare, drahtige Gestalt. Ich erkenne sofort eine lesbische Mitbürgerin. Diese erzählt ihrer Nicht-Lesbischen-Freundin irgendeine Geschichte, die auf alle Fälle uuuuuuuhnglaublich war. Unglaublich ist auch ihre Lautstärke. Eigentlich erzählt sie ihre Story gerade dem ganzen Freibad. Nur scheint das außer mir ja keiner zu merken.

Einen Augenblick lang denke ich, da ich gerne Ausreden oder besser Entschuldigungen für das Verhalten meiner Mitmenschen finden möchte, vielleicht ist die Nicht-Lesbische-Freundin ja schwerhörig oder gar taub. Das würde einiges erklären und verständlich, ja sogar sympathisch machen. Aber sie ist es nicht. Die Rainbow-Strandhandtuchbesitzerin ist einfach nur laut! Doch was soll ich tun?

„Entspann Dich doch mal! Kein Wunder das Du immer so schnell gereizt bist!"
Wer solche Freunde hat, braucht definitiv keine Feinde mehr.
Danke Schatz, Du hast Recht Schatz, ich werde mich jetzt **s o f o r t** entspannen und jegliche Störenfriede per Willenskraft und musikalischer Überbeschallung ausblenden.
Also stecke ich mir die Kopfhörer vom MP3 Player in die Ohren, schließe die Augen und lausche meiner Musik. Schön, wun-der-bar. Ja! Ich denke so werde ich entspannen, ja so kann es klappen, ich spüre es schon, ich merke direkt... wie mir jemand unsanft am Arm reißt, mich schüttelt und *„Schnuffi Schnuffi jetzt guck doch mal!"* zischt.

Ich schrecke hoch und sehe gerade noch wie ein gut gebauter und muskulöser Mann, ohne Badehose, vor mir steht, leider mit dem Rücken zu mir und in eine rote, sehr sexy Unterhose schlüpft. Klar - so jemand kann es sich leisten, sich in aller Öffentlichkeit schnell mal umzuziehen und muss nicht

die paar Meter zur Umkleide trotten.
„Hat aber nicht wirklich nen Großen!"
Was nen großen Hausschlüssel? Oder
nen großen Wagen? Überhaupt, wie hat
Schatz das denn gesehen. Ich frage
ihn, genauso leise wie er mir eben die
Info über den nicht wirklich großen,
was auch immer, gegeben hat. *„Na er
hat sich doch erst umgedreht als Du
hoch gekommen bist. Also ehrlich, Du
verpasst auch immer das Beste. Was
bist'e denn auch immer so langsam. Ich
kann ja schließlich nicht schreien, eh
guck mal schnell der Typ, der da lag
macht sich nackig? Nee, das kann ich ja
nun wirklich nicht!"*

Nein Schatz, Kannst Du nicht Schatz,
Du hast Recht Schatz!

Als ich mir gerade überlegt habe, mich
nun doch im flachen Wasser zu erträn-
ken und die laut schreiende Geschich-
tenerzählerin gleich mal mit zu nehmen, vernehme ich folgende Worte:
*„Entschuldigen   SIE   bitte...Hallo
SIE...Verzeihung bitte!"*

Wir beide auf unserer 25 Quadratmeter großen Decken schauen erst uns und dann die beiden Basketballspieler an.

„Verzeihen SIE die Störung, aber wären SIE so nett und würden einen Blick auf unsere Klamotten werfen. Wir wollen mal zum Kiosk vor. Das wäre voll nett von IHNEN!"

Mein Freund brummt ein freundliches: *"Mmmkladochkeinthema!"* Ich sage gar nichts und die beiden Burschen tollen von Dannen. Ich vernehme noch wie der Eine, der bisher den Mund gehalten hatte, mit einer etwas piepsigen Stimme und norddeutschem Dialekt sagt:

„Krass Digger, is ja voll nett Digger, da lassen wir uns jetzt man büschen Zeit Digger. Hey Digger, haste die Braut am Imbiss gesehen Digger? Digger die machen wir jetzt mal an...Digger!"

Wäre ich im Normalzustand, hätte ich mich gerne gefragt, warum eine Person von einer anderen Person „Digger" genannt wird, wo doch Person Eins augenscheinlich rank und schlank ist. Ich bin aber nicht im Normalzustand. Der Basketballer hat tatsächlich SIE gesagt.

Die ganze Zeit. Andauernd. Meine Güte wie alt sehen wir denn aus. Ich bin doch gerade mal 30 geworden. Mein Freund ist sogar noch jünger. Tränen steigen in mir hoch und werden sofort unterdrückt. Erstens weinen richtige Männer nicht und zweitens, denk an die Tränensäcke. SIE hat er gesagt. Zweifellos...er wollte nett sein. Er wollte den Beweis antreten, dass die Jugend von heute doch noch Höflichkeit und Anstand kennt. Er hätte mich wahrscheinlich im Bus gefragt: *„Verzeihung, darf ich Ihnen meinen Platz anbieten, SIE sehen so alt aus. Ich bin noch jung und kann die vierhundert Stationen auch stehen!"* Dabei hätte er gelächelt und ich hätte den Platz auch genommen, weil mir in dem Augeblick das Herz stehen geblieben wäre. SIE hat er gesagt. S I E. Wo ist denn dieses ominöse Loch, in welchem man gerne versinken möchte in solchen Situationen. Doch Suizid im Flachwasser? Bevor ich das tue sagt Schatz: *„Sehe ich so alt aus? Die haben tatsächlich SIE gesagt!"*

Ach wie süß er doch ist. Genau dafür liebe ich ihn!

Ich verneine seine Frage und sage ihm wie blendend und jung er aussieht. Wobei ich in meiner Umschreibung wahrscheinlich ein klein wenig über das Ziel hinaus schieße, denn er schaut schon wieder ganz schief, ist aber doch beruhigt.

Als die Zwei wiederkommen und sich höflich bei IHNEN bedanken, können wir beide sogar wieder grinsen und beschließen zu gehen.

Beschwingt packe ich unsere Tasche, nachdem ich kurz hinter Dortmund auch unsere nun doch warmen Wasserflaschen eingesammelt habe und wir treten den Heimweg an. Natürlich lasse ich meine Sonnenbrille liegen und werde von der Regenbogen-Strandhandtuchbesitzerin angelächelt und angebrüllt: „Jeder Gang macht schlank...*Ha ha ha Gigger, prust und lach!*"

Ich überlege kurz, ob das der Zeitpunkt ist ihr eine rein zu hauen, halte mich aber zurück, denn ich habe einen gewaltigen Sonnenbrand und somit heftige Schmerzen am ganzen Körper.

„Kommst Du oder was...?"

Ja Schatz, Bin schon da Schatz, Kein Problem Schatz... Wir können!

Der Halb-Tassen-Effekt

Es gab vor ewigen Zeiten Frau Sommer im Werbefernsehen. Ich weiß das nur, weil sie neulich wieder dort aufgetaucht ist und erzählte, wie sie von einer normalen Frau zu Frau Sommer wurde. Etwas betagter war sie zwar schon, aber immer noch so schick und gut situiert wie damals in der Kaffeewerbung. Meine Mutter würde sie auch heute noch um Rat bitten, wenn ihre Gäste das Gesicht verziehen und die Tassen nur halb leer trinken würden. Was aber hat Frau Sommer mit Schatz und mir zu tun?

Wir beide arbeiten als Flugbegleiter. Da zu unseren Pflichten auch das Anbieten von kalten und heißen Getränken gehört, offerieren wir, mal mehr und mal weniger motiviert, auch Kaffee.

Ab und zu ist unser Dienstplan sogar so, dass wir beide zusammen arbeiten. Auf einem unserer gemeinsamen Flüge hatten wir bereits den Bordservice beendet und ich befand mich in der Küche, um unser Cockpit mit ausgesuchten Leckereien und Flüssigkeiten zu verwöhnen. Die Küche, somit mich und die Passagiere, trennte ein schwerer Stoffvorhang. Schatz war dazu verdonnert den Müll in der Kabine einzusammeln.

Als ich gerade dabei war die andalusischen Krebshummerschwänzchen auf handgeklöppelte Holzstäbchen aufzuziehen und sie in ungarischem Knoblauchpfeffersud zu wenden, sie zu flambieren und den Piloten auf Meißner Porzellan anzubieten, garniert mit einem Mouse aus frischer Kokosraspel und bolivianischem Basmatireis, flog mit einem Mal der massige Vorhang zur Seite und mein Lebenspartner stand völlig außer Atem vor mir. Er hielt sich die rechte Hand vor die Brust, seine Augen quollen aus den Höhlen hervor und seine Wangen waren entsetzlich rot.

Im ersten Moment habe ich gedacht es brennt oder die Gäste an Bord sind allesamt an Ihren Käsebrötchen erstickt. Viel schlimmer noch, die hintere Toilette ist defekt und jetzt suchen die Leute einen Ausweg und finden womöglich noch das WC im vorderen Teil, den ich doch so gut abgeschirmt habe, und den nun zur Seite gestoßenen Trennvorhang extra festgeklemmt hatte, damit ich meine Ruhe habe und nicht Trilliarden von Economyclassreisenden die Toilette der
Businessclass benutzen und dafür durch meine Küche trampeln.

Was also konnte nur geschehen sein?

Ich stellte ihm ein eisgekühltes Glas französischen Bergkristallwassers hin, warf noch einen extra geformten Mundeiswürfel aus sibirischem Gletschereis hinein und tupfte ihm mit den japanischen Saunatüchern, Geruchsnote Eukalyptus die Stirn ab.

Der Schatz lag in meinen Armen und hechelte, als wenn im nächsten Augenblick sein Lebenslicht erlöschen würde. Dann sagte er: *„Es ist grausam...Schatz, halt Dich fest, wir haben ein Problem. Wir haben den Halb-Tassen-Effekt!"* Anschließend fing er an so sehr zu grinsen, dass sich seine beiden Ohren am Hinterkopf trafen und sich zum ersten Mal in ihrem Leben guten Tag sagten.

Die Gedanken die ich nun hegte waren genauso grausam, als hätte gerade Rotkäppchen behauptet, sie wäre vom bösen Wolf adoptiert und zum Verzehr ihrer eigenen Großmutter gezwungen worden, hätte dann den Jäger in eine Falle locken und seine Organe der Mafia übergeben müssen.

Aus leeren Augen schaute ich Schatz an und mein kalkweißes Gesicht muss ihn dann doch erweicht haben. So erklärte er mir, dass fast keiner der Gäste den Kaffee ausgetrunken und alle die halben Tassen beim abräumen in den Müllwagen geworfen hätten. Da ist ihm dann diese Werbung mit Frau Sommer eingefallen und er hat endlich mal im richtigen Leben das Fernsehleben seiner Kindertage weiterspinnen können.

Blöd nur, dass der Kaffee den wir unseren Reisenden angeboten haben genau von der Firma stammt, für die Frau Sommer jahrelang an die Familiefeiertische, Geburtstagsrunden oder Altweiberklatschtafeln gezwungen wurde.

Sollte sie übrigens mal mit uns fliegen, empfehlen wir ihr doch eher einen Hagebutten- oder Jasmintee zu bestellen. Den gibt es zwar gar nicht, aber so bliebe Ihr Becher gleich ganz leer.

Mit Jaqueline beim Arzt

Der Schatz und ich sind ganz hilfsbereite Personen. So kam es, dass wir die Katze einer Freundin bei uns aufnahmen und versprochen haben, uns gut darum zu kümmern. Da uns das Wohl der Katze sehr am Herzen lag, haben wir sie nach Strich und Faden verwöhnt. Sie bekam ein Körbchen, ein Klöchen, ein Fresschen und viel Katzenmilch, damit Sie groß und stark wird!
Vor allem aber hatte ich viel viel Zeit, mich um diese Samtpfote zu kümmern, denn auf Grund eines Rückenleidens war ich mehrere Tage krank geschrieben.
Diese Erkrankung hatte auch ihre guten Seiten, ich musste nämlich jeden zweiten Morgen zu Fango und Massage in einer physiotherapeutischen Praxis erscheinen und konnte mich nach Her-

zenslust verwöhnen und durchkneten lassen.

Da ich aber anschließend immer so verschwitzt war, habe ich mich vor den Praxisbesuchen nur schnell frisch gemacht, meist aber nicht rasiert und die letzten Male bin ich sogar im Jogginganzug, zwar ein Markenprodukt, man ist ja schließlich wer, aber immerhin nicht in Brüssler Spitze dort aufgelaufen.

An meinem letzten Termin schließlich, sah ich ganz besonders ramponiert aus, da ich zu allem Überfluss auch noch verschlafen hatte. Ich bin also schon unter Zeitdruck aus dem Haus gerannt und habe dann mehr transpiriert, als eine ganze Schweinezucht zusammen. Wahrscheinlich habe ich auch noch so gerochen.

Ich freute mich also schon auf eine heiße Dusche und ein gemütliches Frühstück. Nachdem ich die Wohnungstür geöffnet habe, kam mir auch gleich unser

Gast entgegen und warf sich auf den

Flurteppich, um sich den Rücken, Bauch und Zwischenohrbereich kraulen zu lassen. Alles stehen und liegen lassend, warf ich mich auf die Knie, um meine Tierliebe zu beweisen und mich bei dem Kätzchen einzuschleimen. Ich hatte gerade mit den Streicheleinheiten begonnen, da merkte ich, das Blut auf dem Boden war und als ich das Viech näher betrachtete, sah ich auch, woher das stammte. Das ganze Ohr war blutig und verkrustet und ich bekam einen furchtbaren Schreck.

Wäre es meine Katze gewesen, hätte ich gleich darüber nachgedacht, ob ich eher Rotkohl oder Rosenkohl zum Katzenbraten serviere, denn das sah eindeutig nach Notschlachtung aus, aber es war ja nicht mein Tier. So habe ich in den gelben Seiten nach einem Arzt für die Mieze gesucht und in direkter Nachbarschaft eine große Praxis gefunden. Diese hatte allerdings nur noch eine gute halbe Stunde geöffnet, denn es war Freitag und ab mittags keine Sprechstunde mehr.

Ungewaschen und wie Bauer Wolfram aussehend, mit einem stoppeligen drei Tage Bart, machte ich mich auf den Weg in die Praxis. Die Katze hatte sich mit Händen und Füßen geweigert mitzukommen, aber es half ihr nichts und niemand. Ich kannte keine Gnade. Ehrlicherweise muss ich gestehen, dass ich große Angst hatte und befürchtete sie könnte verbluten.

Nachdem ich die Fachklinik betreten hatte, ging ich sofort zum Anmeldungstresen und mir stockte der Atem. Ich erblickte einen ungefähr zwanzigjährigen jungen Mann, der so was von gut aussah, daß mir die Spucke im Hals stecken blieb. Leider hing da auch ein Spiegel und ich konnte zu meinem Unglück erkennen, wie hässlich, ungepflegt und dusselig ich dahingehend rum rannte. Zu allem Überfluss hatte ich auch noch einen Katzenkorb am Handgelenk und muss übel gerochen haben.

Der junge Mann lächelte mich mit makellosen weißen Zähnen an, begrüßte mich und bat mich, einen Zettel auszufüllen, indem ich Angaben zu meinem Haustier machen soll.
Welches Tier? Was für Angaben? Sollen wir nicht lieber einen Kaffee trinken gehen?

Sämtliche Intelligenz verabschiedete sich und nur niedere Instinkte blieben noch übrig! Ich starrte den Menschen vor mir an, musterte ihn von oben bis unten und bin nur froh, dass ich nicht auch noch angefangen habe zu sabbern.

„Würden Sie dann bitte die Anmeldung ausfüllen?" er fragte ungefähr zum einhundertsten Male und endlich reagierte ich, griff mir den Zettel und fing mit zitternder Hand an, diesen auszufüllen. Kurze Zeit später, gab ich ihn wieder ab und der Adonis hinter dem Tresen schaute sich mein Werk an.

Schließlich legte sich seine zauberhafte Stirn in Falten und die Augen schlossen sich zu kleinen Schlitzen. Er hob den Kopf, betrachtete mein unrasiertes, zerknautschtes Gesicht und meinte schließlich: *„Wie heißt das Tier? Schackeline?"*

Also eigentlich heißt die Katze ja Jaqueline, aber so wie er das ausgesprochen hatte, war ich versucht ihm „Gesundheit" zu wünschen. Also korrigierte ich: *„Nein nein ... diese liebenswerte Samtpfote heißt Jaqueline, kurz auch Jaqui genannt. Die richtige Besitzerin, unsere allerallerallerbeste Freundin, kommt aus Sachsen und da wollte Sie der guten alten Jaqui einen heimischen Namen geben. So ist das!"*

Es war zu spät, alle Erklärungen nützen nichts mehr und ich wurde rüde aufgefordert Platz zu nehmen, der „Onkel Doktor" kommt gleich. Ich kam mir vor, als hätte ich die mitgebrachte Schnurrie vergewaltigt, dabei konnte ich ja nun wirklich nichts für diesen Namen und bin ja auch nur da, um dem

Tierarzt das blutenden Ohr zu zeigen. Bevor ich mich setzte, drehte ich mich noch einmal um und rief in Richtung Tresen: *„Ich kann nichts dafür. Den Namen habe ich nicht ausgesucht und überhaupt, mir gehört diese Katze gar nicht. Ich habe sie nur durch Zufall. Ihr Frauchen jettet durch die Welt und ich muss darauf aufpassen. So ist das nämlich. Genau!"* Ich muss dabei so trotzig ausgesehen haben, dass ich befürchtete, im nächsten Augenblick kommt das „Onkel Doktorchen" mit einem Schäufelchen für den Kleinen um die Ecke und sagt: „Eididei, das hat du abba fein gemackt!"

Da kam aber keiner mit Schäufelchen, sondern durch die Behandlungszimmertür trat ein Kerl, der sich hinter Models und Hollywoodgrößen nicht verstecken brauchte. Mir wurde schlecht, selbst der Tierarzt ist schwul und ich sehe aus wie vom Planeten Matschsack. Macht aber nix, denn der Markus-Schenkenberg-Model-Doc interessiert sich nicht die Bohne für mich, sondern fing tatsächlich in Babysprache an, sich um die Katze zu kümmern: *„Ei wa hat den die Kleine? Ja was fehlt denn der süßen Maus? Na nu komm mal her! Na bist Du eine Liebe, bist Du eine Süße, bist Du ein tolles Mauziwauzi!"* Ein bitte was? Ein tolles Mauziwauzi? Okay, ich gebe auf. Wo ist die Kamera? So etwas kann gar nicht passieren! Tat es aber und ich war mittendrin!

Ich ließ also Doktor Doolitle die Behandlung durchführen, bekam eine Salbe, mit den Worten: *„Morgens und abends im Ohr auftragen!"* hingeschmissen und Jaquelinchen wurde mit einem, man beachte, Nasenküsschen und den Worten: *„So Du liebes Schurriemonsterchen, das war es und nun machst Du schön Bubu im Körbchen und läst Dich schön gesund pflegen, Du süßes Putziwutzi!"* verabschiedet.

Bei der männlichen Tierarzthelferin bezahlte ich süße fünfzig Eurowutzileinchen und ging.

Nach einem Mittagsschläfchen dachte ich noch ich hätte alles geträumt, aber als mir gegen Abend Mauziwauzi ins Handiwandi gebissen hat, weil ich das Salbidalbi ins Öhrliewöhrlie schmieren wollte, kam die Erinnerung zurück und ich beschloss, beim nächsten mal nicht mehr in diese Praxiwaxi zu gehen. Da operiere ich selber das Mauziwauzischnurriburri!

Heb mal

Mein Freund ist Schwabe. Das sind die Menschen, die **WO** da in Baden-Württemberg leben. Ich selber bin ja in Berlin geboren. Das ist da **WO**, die deutsche Hauptstadt ist. Aufgewachsen bin ich im Land Brandenburg. Das wiederum ist da, **WO** früher DDR und das, **WO** da um Berlin drum rum ist.

Als wir uns noch nicht so gut kannten und ich dem Schatz seine erste Wohnung mit einrichten geholfen habe, mussten wir zwangsweise auch Gardinen anbringen. Es sieht ja auch schöner aus und man kann nicht so leicht von draußen reinschauen. Außer es ist Licht an und es kommt auch auf die Beschaffenheit der Gardine, mehr des Gardinenstoffs, also der Dichte der Gardine an. Doch spielt das nicht wirklich eine Rolle.

Mein Liebster hatte sich vorgenommen, im Hochsommer einzuziehen und sich einzurichten. So herrschten draußen und drinnen Temperaturen, die sonst nur Aufbackbrötchen kennen lernen. Wir waren also so zu sagen zwei Knack- und Backschwule, die versuchen Gardinenstangen an eine sechziger Jahre Bröckel-Putz-Wand anzubringen.

Nicht nur der Schweiß kroch aus allen Poren, auch unsere Laune sank mit jedem neuen, in der Wand verschwundenen Dübel. Genauso wuchsen die Berge von Bröckel-Putz, die sich langsam unterhalb der Fenster auftürmten.

Mangels Leiter stand mein Freund auf einer Stuhl- und Hocker Leiterersatzkonstruktion und hätte sich schon fast zweimal mit Opa's alter Schlagbohrmaschine am Kabel erhängt. Ich stand unten, hielt einen uralten Staubsauger, der mehr pustete als saugte, um ganz fachmännisch die Krümel aufzusaugen. Klappte natürlich auch nicht.

Trotzdem hatten wir schon zwei Fenster des Wohn- und Arbeitszimmers neu bestangt und quälten uns nun mit dem letzten herum, als mein genervter Freund schrie: *„Heb mal!! Los!!!! Nun heb doch mal fest!!!!"*

Wie bitte? Ich bildete mir ein, wir verstehen uns blind. Was aber bitte soll ich denn heben. Ich hebe doch schon die ganze Zeit die herunter fallenden Dübel, Schrauben und Kleinstteile auf. Außerdem hebe ich den Staubsauger hoch, um besser blasen, ich meine saugen zu können. Was sollte ich bloß machen, was wollte der Mann von mir. *„Watt??"* war meine verdutzte Antwort und ich klang panisch.

„Na nu hebe doch mal fest. Mir fällt hier alles gleich runter!!HEB MAL verdammt...!!"

Ich begann eine, zugegebener Maßen in dieser Situation doch recht unpassende Diskussion, eher eine monologartige Rede, darüber, dass man wohl Dinge hochheben und aufheben könnte, ich aber im Moment nicht weiß, was heruntergefallen ist und ich es deshalb eventuell anheben soll.

"Du sollst F-E-S-T-heben Du Blöd-mann!!!"

Ich erklärte ich könnte etwas festhalten, aber was bitte wäre denn festheben?

Hätte ich vorher gewusst, das ein Schwabe mit „festheben" genau das gleiche meint wie der Preuße mit „festhalten", dann wäre wohl mein Schatz nicht im selben Moment, in dem ich noch in meiner Wortverständnisgedächtnisschublade nach der Übersetzung und Erklärung für „...jetzt hebe mal fest..." suchte, mit einem lauten Kabumm und mit samt Opaschlagbohrmachine, sechs Schrauben, einer Gardinenstange, Schweiß auf der Stirn und der gesamten Stuhl-Hocker-Behelfsnummer unsanft auf dem Parkettfussboden aufgeschlagen.

Ich überlegte noch kurz ob ich ihn **festHALTEN** soll, habe ihn dann aber lieber gleich **aufgeHOBEN** und wir haben noch lange darüber nachgedacht, wie wir die durch den Aufschlag verursachten Löcher im Parkett, die Sache mit der letzten Gardinenstange, aber vor allen Dingen unsere horrenden Sprachkonflikte er- und klären können.

Neulich ertappte ich mich dabei, wie ich meinen Freund bat den Topfdeckel mal festzuheben, der wo da gerade vom Tisch purzelt. Problem gelöst!

Der Montag

Es gibt Geschichten, die erzählt man und diejenigen, die zugehört und viel gelacht haben fragen am Ende, ob so etwas tatsächlich passieren kann. Eine Anhäufung von Pannen innerhalb eines ganzen Tages, sind aber bei meinem Schatz und mir leider keine Seltenheit. Im Gegenteil, es ist schon fast die Regel.

Alles begann im Januar. Unverhofft zog die Freundin und Besitzerin der Jaqueline – Katze, samt Lebenspartner in unsere beschauliche dreieinhalb Zimmer Wohnung in Hamburg mit ein und belagerte neben dem Gäste- auch das Wohn-, Bade- und Schlafzimmer, so dass wir quasi nur noch in der Küche lebten. Eigentlich sollte es lediglich eine Übergangslösung sein und nicht länger als eine Woche dauern. Doch am Ende haben wir es ganze acht Wochen miteinander ausgehalten und ich möchte nur nebenbei anmerken, dass besagte Freundin zwar immer noch unsere Freundin ist, uns aber inzwischen mit anderen Augen sieht. Es mag durchaus daran liegen, dass wir ihr in der ganzen Wohnung dezente Hinweise, wie etwa Zettel, mit der Aufschrift „Greif dir Deine Katze und verschwinde!" oder „Wenn Du morgen nicht weg bist, verbrennen wir Deinen Klamotten!" hinterlassen haben. Auch möchte ich nicht unbemerkt lassen, dass wir in einem Zeitraum von nur (nur!) acht Wochen auch noch die Höhen und Tiefen ihrer Beziehung und obendrein noch die Bekanntgabe ihrer plötzlichen Schwangerschaft live und in Farbe miterleben konnten, was uns auf den Zettel mit der Notiz „Du bist nicht krank - Du bist nur schwanger – Zieh aus!" brachte. Obendrein hatte ich noch einmal das Vergnügen ihre Katze zum Tierarzt zu schaffen, da das gute Tier zum ersten Mal in ihrem Leben Lust auf einen Kater verspürte und dies unserer gesamten Nachbarschaft von 23.00 Uhr abends bis circa 7.30 Uhr in der Früh mitteilen musste und sich somit das Freiticket für eine kostenintensive Sterilisation ermiaute. Das dieses, man möge mir verzeihen Vieh, mich danach nur noch anfauchte und bis auf das Knochenmark zerkratzte, muss ich wohl nicht extra anführen?!

In dieser Zeit, an einem wunderschönen verregneten Montagmorgen, musste ich früh aufstehen und einige Termine wahr nehmen, während sich Schatz noch einmal umdrehen und weiterschlafen durfte und Miss Untermieter mit Schwangerschaftserläuterungsleitfaden, Fruchtsaftschorle, Katze und Handy sich auf der Ausziehcouch vor dem Fernseher lümmelte.
Mein erster Weg führte mich in einen Coffee - Shop, in dem ich mir erst einmal einen Espressomachiato und ein vegetarisches Sandwich gönnte und mit meiner EC-Karte bezahlte. Nach einem weiteren Termin bei meinem Steuerberater und dem Augenarzt wollte ich im Supermarkt meine Einkäufe bezahlen

und musste erstaunt feststellen, dass meine EC-Karte verschwunden war. Hitzewallungen und Kälteschocks wechselten sich ab, mit hin und her gerissenen Überlegungen, wo dieses Plastikding abgeblieben ist. Dazu kamen noch die bösen Blicke der Kassiererin und das laut durch den Supermarkt gebrüllte: *„FEHLBON AN KASSE 7!"* Außerdem haben mich die anderen Kunden angeschaut und behandelt, als hätte ich gerade das Geschäft überfallen und nicht etwa selber ein großes Problem.

Ich machte mich also auf zum Coffee - Shop, in dem ich ja zuletzt mit Karte gezahlt hatte... aber ohne Erfolg.

So führte mich mein nächster Weg zur Bank. Ich erklärte die Situation, füllte zehn Formulare aus und bekam den Hinweis, dass ich in zwölf bis vierzehn Tagen ein neues Zahlungsmittel erhalte. Außerdem wurde ich noch über meinen Kontostand belehrt und das doch die Dispogebühren so hoch sind. Ich solle doch mal einen Termin zur Umschuldung über ein zinsgünstiges

Kurz- und Kleindarlehen machen. Den Termin vereinbarte ich sofort und notierte mir im Kalender, dass ich in den kommenden Tagen die Bank anrufen muss, um den Termin wieder abzusagen. Außerdem ließ ich mir noch fünfzig Euro auszahlen, wofür ich erneut zehn Formulare ausfüllte und fuhr nach Hause. Selbstverständlich hatten Schatz und Freundin schon zu Mittag gegessen und nichts aufgehoben, da sie davon ausgingen, ich würde unterwegs etwas zu mir nehmen. *„Wo sind denn die Einkäufe?"* fragte mich mein Zuckerhase. Ich berichtete, was mir widerfahren war.

„Typisch Du!"
Am Nachmittag desselben Tages mussten mein Freund und unsere Zimmerbesetzerin jeweils nach Köln und München fliegen. Wir wollten mit dem Schatz seinem Wagen fahren. Wir luden das Gepäck der Beiden ein, setzen uns und als ich das Auto starten wollte, passierte … nichts. Gar nichts! Alles blieb ruhig.

Wir schauten uns verdutzt an, rätselten kurz über das Problem, beschlossen, dass ich nach meiner Rückkehr vom Flughafen die gelben Engel bestellen und das Problem beheben lassen soll, luden die Taschen in mein Fahrzeug um und fuhren schließlich, mit einer halbstündigen Verspätung los.
Zum Glück ist der Flughafen fast um die Ecke. Trotzdem brauchten wir über eine halbe Stunde, da irgend ein Depp beschlossen hatte, sich um eine Straßenlaterne zu wickeln, dadurch die Strasse einspurig werden und einen Stau entstehen zu lassen.

Inzwischen war es Abend. Ohne Stau und Aufregung bin ich wieder nach Hause gefahren. Noch im Auto machte ich mir einen Plan für den Rest des Tages, denn nun konnte ja nicht mehr viel geschehen.

Ich wollte mir erst ein leckeres Abendbrot

machen, dann den ADAC informieren und sobald dieser wieder weg ist, wollte ich ein schönes heißes Bad nehmen.

In Vorfreude auf das Kommende hüpfte ich zur Haustür, steckte den Schlüssel ins Schloss, aber rein gar nichts passierte. Er ließ sich nicht bewegen. Ich hatte den falschen Schlüssel. Erst viel später erfuhr ich warum. Für unsere Wohnung existieren nur drei Stück. Einen hat meine bessere Hälfte, einen anderen hatte für die Übergangszeit unser Parasit mit Katze und Freund und eben dieser hatte meinen, also den dritten Schlüssel, am Tag zuvor ausgeliehen und mir anstatt des richtigen den falschen, nämlich den Wohnungstürschlüssel seiner Wohnung hingelegt. Dann ist er zu seiner Arbeitsstätte nach München aufgebrochen, wo nun auch seine Freundin weilte. Da sich beide Schlüssel gleichen, ist zunächst keinem der Unterschied bewusst gewesen.

Mir blieb nichts anderes übrig, als jemanden um Hilfe zu bitten, daher klingelte ich bei unserer Nachbarin, die

auch praktischer Weise unsere Hausmeisterin ist und bat sie um Rat.

Ohne zu zögern informierten Sie den
Hausanlagenschlüsseldienst und teilte
mir mit, dass die Türöffnung ungefähr
achtzig Euro kosten wird. Achtzig, ich
hatte doch aber nur fünfzig vom Vor-
mittag und auf Rechnung ginge so etwas nicht. Also verabschiedete ich mich
kurz und raste zur Bank. Noch im Auto
rief ich dort an, damit Sie die Antrags-
formulare für die Barauszahlung vorbe-
reiten. *„Leider ist keiner mehr da, außer
mir!"* flötete eine Frau Hirbel oder Hur-
bel mir ins Ohr und *„ Außerdem sind
schon alle Kassen geschlossen und die
Computer herunter gefahren. Ich wollte
nur noch schnell zusperren. Kommen
Sie doch gleich morgen um 9.00 Uhr
vorbei, dann geht das auch ganz
schnell!?"* Ich bedankte mich und fragte
ob sie noch einen alten Pappkarton hätten, da ich ja nun meinen Schlüssel-
dienst nicht zahlen und unter der Brü-
cke schlafen müsste. *„Ach Sie Witzbold*

... bis morgen und schönen Abend noch!" **Lach Lach Lach!**

Zum Glück hatte ich noch eine Kredit-karte, bei der ich mir aber über die Nummer nicht sicher war und, wie könnte es auch anders sein, erst einmal falschen Zahlen eingegeben habe. Beim dritten und letzten Versuch klappte es aber und ich zog noch einmal hundert Euro.

Ich raste zurück, wo der Türöffnungs-mitarbeiter bereits ein Tässchen Kaffee mit unserer Hauswirtin trank.
Mit den positiven Worten: *„Na hoffent-lich ist nicht abgeschlossen, denn sonst müssen wir aufbohren!"* und meiner Versicherung, die Tür ist nie zuge-schlossen, was übrigens später noch zu einer Belehrung betreffs Absicherung von Wohnungstüren führte, begann er sein Werk. Es machte knack, der Typ schaute schief und meinte: *„Tja, doch zugeschlossen! Das wird nicht billig!"*

Die ist nie, niemals zu! Das kann gar nicht sein! Oder doch? Später erfuhr ich, dass mein Freund sich dreimal überlegt hat ob er, der als Letzter die Wohnung verlassen hatte, abschließen soll oder nicht und sich dann, getreu dem Motto „Sicher ist sicher" für das Absperren entschieden hatte.

In der ganzen Zeit, die die Aktion in Anspruch nahm, kamen übrigens immer mal wieder neugierige Nachbarn aus den anderen Häusern zum zuschauen und unsere Hausmeisterin wurde nicht müde jedem zu erzählen wer ich bin und was mir passiert ist. Wer mich bzw. uns bis dahin noch nicht kannte, der wusste dann nun endlich Bescheid.

Als mein Schatz am späten Abend anrief und ich ihm die ganze Schose erzählte, lachte er nur und meinte, ich soll beim nächsten Mal einfach warten, bis er zurückkommt. Das wäre billiger und da es ja nicht unsere Katze ist, die in der Zwischenzeit in der Wohnung verhungert, hätte ich ja auch ein paar Tage auf der Strasse leben können.

Ich liebe ihn.

Den ADAC musste ich auch noch informieren und der stellte lediglich einen Schaden am Motor fest und gab mir die Empfehlung, in den nächsten Tagen zur Werkstatt zu fahren. Wie ich das allerdings mit einem Auto schaffe das nicht fährt, konnte er mir auch nicht erklären.

Aus Angst zu ertrinken ging ich nicht mehr baden, aus Angst zu ersticken habe ich nicht mehr zu Abend gegessen und aus Angst ich würde erblinden, schaute ich nicht mehr fern, sondern legte mich kurz vor Mitternacht hin, lauschte dem leisen Fauchen einer sterilisierten Katze und habe am nächsten Tag so was von verschlafen.

Flugbegleiter im Zug

Hin und wieder kommt es vor, dass man in Uniform mit dem Zug fahren muss. Schatz und ich können uns da nicht ausschließen. Schon auf dem Bahnsteig und beim Fahrkartenkauf kommt es zu lustigen Begegnungen, denn die meisten Reisenden sehen nur eine Uniform und können nicht erkennen, dass man zu einer Fluggesellschaft und nicht zur Deutschen Bahn gehört.

Somit müssen wir geschlagenen drei Stunden vor Abfahrt unseres Zuges los, denn Fragen nach der Abfahrt der Bimmelbhn nach Klein-Wulmstorf oder Auskunft über Fahrpreise und ob an jedem dritten Donnerstag eines Monats, zwischen halb sieben Uhr am Morgen und viertel vor zwölf am Mittag auch der Jugendtarif Aktiv 25 mit Bahncard 50 kombinierbar ist und wie viel dann die Fahrt von Aschaffenburg nach Sölden kosten würde, müssen wir beantworten - wir sind in Uniform und somit immer im Dienst!

Wenn dann doch einmal ein Fahrgast erkennt, dass es sich bei uns um Stewards handelt, ist die nächste zu beantwortende Frage, welcher Fluggesellschaft wir denn angehören. Ja ja, mit denen sind wir auch schon geflogen und es war ganz toll – wohin geht es denn heute? – folgt auf dem Fuß. Eigentlich müsste man jetzt folgendes antworten:

„Guter Mann/gute Frau … wir, also Sie und ich, befinden uns gerade auf einem Bahnsteig! Wir, also Sie und ich, warten auf den Zug nach XYZ. Sie, also Sie, fragen mich gerade wohin es geht. Hallo? Dahin, wohin der Zug fährt!! Was ist das denn bitte für eine bekloppte Frage? Ich steige gleich ein und lasse mich mal überraschen? Ich fahre in die andere Richtung, weil mir sonst schlecht wird? Was bitte soll ich denn nun antworten??"

Da wir aber ein höfliches Volk sind und, wie ja schon gesagt in Uniform, somit im Dienst, wissen wir ja, dass nicht das Ziel des Zuges, sondern das Ziel des Flugzeuges, indem wir noch am selben Tag unserer Arbeit nachgehen werden gemeint ist. Daher antworte ich meistens: *„Saudi Arabien!"*

„Ach da war ich ja auch noch nie!"

Bingo, ich auch nicht! Aber das muss ich dieser Nervensäge neben mir ja nicht auf die Nase binden. Wenn ich dann noch Auskunft über das Wetter an meinem Zielort geben muss und merke, wie neidisch ich angeschaut werde, nur weil ich mitteile, wir hätten dann am Zielort vier Wochen frei, bekommen im Hotel alles gratis, inklusive Massage und Wellness und es sind gerade gut an die 40 Grad im Schatten, während es ja hier so nasskalt ist und morgen soll es ja auch noch schneien, lege ich noch eins drauf und meine, wie traurig ich immer bin, dass ich keinen anständigen Beruf habe. Es wäre mir doch viel lieber von Montag bis Freitag, von acht bis achtzehn Uhr zu schuften, als ständig unter Palmen am Pool zu liegen und gar nicht mehr zu wissen, was Arbeit eigentlich bedeutet! Untermale ich das mit einem tiefen Seufzer und ende mit einem zuckersüßen Lächeln, dann haben sich weitere Gespräche erledigt. Nur die ganz Dummen bleiben noch und, man höre und staune, bemitleiden mich sogar.

Als ich wieder einmal mit dem Zug von Hamburg nach Hannover fahren musste, ist mit folgendes zugestoßen:

Im Bahnhof Altona, an welchem der Zug erst eingesetzt wurde, bestieg ich den ICE und fand schnell meinen Platz in Wagen fünf. Während ein Herr mittleren Alters ein ähnliches Gespräch wie zuvor beschrieben mit mir anfing, kam eine dicke schwitzende Frau auf uns zu und rief mir schon von weitem zu: „ACHT!" Ich reagierte natürlich nicht, denn ich wusste ja nicht was sie meint.

Es hätte Ihre persönliche Glückzahl sein können, die Zusatzzahl im Lotto...keine Ahnung. Immer wieder rief sie: *„Acht! Acht! Acht!"* Dabei zog sie eine alte schwarze und viel zu volle Reisetasche hinter sich her und pustete sich die Fransen Ihres selbst gestrickten Öko-schals aus dem Gesicht. Kurz vor meiner Nase, schätzungsweise 5,6 mm blieb sie abrupt stehen und spuckte mir ins Gesicht: *„Wagen Acht!"* Ich antwortete: *„Es tut mir leid, was meinen Sie? Ich bin auch nur Gast hier!"*
„Ich will zu Wagen Acht – wo?"
Betonen darf ich, dass es sich nicht etwa um eine ausländische oder der deutschen Sprache nicht mächtigen Person, sondern lediglich um eine maul-faule, aber wahrscheinlich auch halb taube Frau handelte, denn Sie bekam keine ganzen Sätze heraus und nicht mit, dass ich nicht zum Zugpersonal gehörte. Also meinte ich: *„Ach Sie suchen den Wagen Acht? Haben Sie denn mal geschaut, was das für ein Wagen ist?"*

Tatsächlich sagte sie mir, sie befindet sich in Wagen Fünf. Natürlich nannte sie auch wieder nur die Zahl, aber gut, sie wusste also wo sie war, aber nicht, wie sie dahin kommt, wo sie hin will.

„Lassen sie mich kurz überlegen!" ich warf die Stirn in Denkerfalte und senkte meinen Blick.

„Wenn wir uns in Wagen Fünf befinden, Sie aber in Wagen Acht wollen, müsste es eigentlich möglich sein, vorausgesetzt die Bahn hat dieses System so umgesetzt, dass Sie einfach in Wagen Sechs wechseln, um dann direkt durch Wagen Sieben zu Wagen Acht zu gelangen. Sie könnten allerdings auch aussteigen und Wagen Neun suchen, damit Sie im Anschluss entgegengesetzt der Fahrtrichtung zurück laufen, damit Sie Ihren Platz in Wagen Acht einnehmen können. Fragen müssen Sie allerdings ob vor oder hinter Wagen Acht, der Speisewagen angekuppelt wurde, denn den müssten Sie in Ihre Suche nach Wagen Acht jeweils dazu addieren

oder auch abziehen, wenn Sie sich für Variante zwei entscheiden!"
Wort- und danklos ging sie und mich würde bis heute interessieren, ob sie am Ziel eingetroffen ist!

Viel später auf dieser Fahrt hat es sich dann der Zugbegleiter, ob unseres artverwandten Berufes, nicht nehmen lassen, mir ausführlich über sich, sein Leben und seine Zukunftspläne zu berichten und so hätte ich es beinahe nicht geschafft, den Zug pünktlich und vor allem rechtzeitig in Hannover zu verlassen.

Eins ist jedoch gewiss:

Man lernt immer neue Menschen kennen und ohne diese könnte ich keine Geschichten schreiben. Zukünftig jedoch werde ich meine Uniform in einen Koffer stopfen und somit unerkannt reisen.

Schlecht geparkt

Ich hasse enge Parklücken. Immer wieder kommt es vor, dass Schatz und ich in der Stadt ins Streiten geraten, denn er sucht immer nach den engsten und zugeparktesten Plätzen. Man stelle sich vor: Auf einer Fläche von ein paar Quadratmetern stehen 6000 Autos, zwischen zwei davon ist ein Plätzchen, um gerade mal einen zusammengeklappten Liegestuhl hinein zu schieben. Zehn Zentimeter weiter jedoch, könnte man weitere tausend Wagen parken. Nun darf geraten werden, wo Schatz sich hinstellt. Genau... auf die Liegestuhlfläche.

Das wäre ja nicht schlimm, aber ich muss mich ja noch aus der Beifahrerseite heraus quetschen und dabei aufpassen, keine Türen, Fahrräder, Litfasssäulen, Einkaufswägen, angebundene Tiere, alte Frauen oder ähnliches zu zerkratzen, zerstören oder zu töten. Außerdem gerate ich mit meinen Kilos auf der Hüfte leicht ins Schwitzen und in Atemnot.

Daher werde ich beim Parkplatzsuchen auch immer schnell streitlustig. Wie eine hysterische Zicke kreische und schreie ich, bitte um Vergebung und brülle im nächsten Moment wieder los, sobald Schatz den Blinker setzt und versucht, auf einer Fläche, groß wie eine Briefmarke, unser Auto abzustellen.

Ich schwitze, ich hechele, ich bete, ich fluche, ich weine und trete, nur um dem quälend langsamen Aus- und dem noch quälend langsameren Einstieg in den Wagen zu verhindern.

Manche Menschen haben Angst vor großen Plätzen, ich jedoch vor kleinen Parkplätzen. Gibt es dafür wohl auch einen psychologischen Ausdruck?

Neulich nun wurde meine Neurose wieder bestärkt, untermauert und gefestigt.

Schatz sollte mich aus der City abholen und hatte mal wieder eine wunderbar enge Stellfläche gefunden. Unser metallicfarbener Golf VI wurde umrahmt von einem blauen Opel, der ungefähr zwei Millimeter auf der rechten Seite entfernt stand und einem silbernen japanischem Fabrikat, welches es sich auf der linken Seite in ähnlichem Abstand wie der Opel, gemütlich gemacht hatte.

Der Dicke, also ich, bekam es mit der Angst. Da sollte ich einsteigen? Ich begann mörderisch zu transpirieren. Mein Hirn ratterte und versuchte auf Teufel komm raus eine Lösung, vor allem aber einen Weg hinein zu finden. Schatz konnte auch nicht erst ausparken, um mich dann einsteigen zu lassen, da er dann mitten auf einer viel befahrenen Straße gestanden hätte, worauf hin der gesamte Hamburger Feierabendverkehr zum Erliegen gekommen wäre.

Mein Körpcr, durch die Transpiration gut gefettet, zwängte sich also zwi-

schen Wolfsburger Blech und Rüssels-
heimer Altmetall und es gelang mir sogar ein Stück die Tür zu öffnen. Dann
ließ ich der Schwerkraft ihren Lauf,
kippte etwas nach links und nach hinten weg und mit einem schmatzenden,
ploppenden Geräusch fiel ich buchstäblich in das Wageninnere. Da ich nicht
nur körperlich etwas besser gebaut bin,
sondern langsam auch blind wie ein
Maulwurf werde, haben ich nicht mitbekommen, wie wenig weit ich tatsächlich die Tür aufgemacht hatte.

Mein Fall war nicht mehr aufzuhalten,
aber nicht alle meine Körperteile hatten
das gleiche Ziel. Während ich durch die
Eigenmasse in die Tiefe gezogen wurde, knallte mein Kopf, insbesondere das
Kinn hart auf der Türkante auf und
blieb dort auch Sekunden liegen. Mein
Hals dehnte sich dementsprechend und
ich wurde insgesamt sicher noch dreißig
Zentimeter länger. In meiner Mundhöh-
le spielte sich unterdes ein kleines
Drama ab. Meine Zähne hatten nämlich
große Angst kaputt zu gehen und we-

gen des Aufpralls und des Hängen bleiben zu zerspringen. Also beschlossen sie gemeinschaftlich, sich in meine Wangen und die Zunge zu verstecken. Sie sprangen buchstäblich alle zur gleichen Zeit los und lösten ein Blutbad unvorstellbaren Ausmaßes aus. Das war ihnen aber egal, denn sie hatten sich ja gerettet und den Zwischenfall unbeschadet im schützenden Weichfleisch meines Mundraums überstanden.

Meine Wirbelsäule hatte es da schon wesentlich schwieriger. Wo sollte sie auch hin? Nur ein Stück in die Höhe und dann war Schluss. Also beschlossen sich meine Wirbel zu einem Ausflug und einer kurzzeitigen Trennung von Bandscheiben und Knorpelgewebe, um sich in einer Art Selbst- und Neufindungstrip, anders als vorher wieder anzuordnen. Ich bin sogar der Meinung, dass einige Wirbel den Vorfall genutzt haben, um jetzt an ganz anderen Stellen meines Körpers zu sitzen. Zumindest erscheint mir meine Nase nun auch viel größer.

Egal wo und was, es tat sehr sehr weh!

Schatz hat im ersten Moment davon nichts mitbekommen. Parkte in Seelenruhe aus und fuhr los. Erst als er auf meine Seite schaute, begann er sich doch etwas zu wundern. Meine Augen waren aus den dafür vorgesehenen Höhlen gequollen und Tränen liefen mir über das Gesicht. Atmen war schier unmöglich, denn die Schmerzen vom Rücken her drängten jede Luft von innen nach außen, die Lunge schloss hermetisch ab und so konnte auch keine Außenluft mehr eindringen und mich mit dem so nötigen Sauerstoff versorgen. Fürsorglich wie Schatz nun mal ist, fragte er, ob alles in Ordnung sei. Ich schüttelte so heftig den Kopf, dass ich im nächsten Moment das Gefühl hatte mich wochenlang übergeben zu müssen, denn eine Schwindelattacke und ein stechender Kopfschmerz lenkten mich kurzfristig von den anderen Schmerzen an.

Die nächstbeste Möglichkeit um anzuhalten war eine Tankstelle. Schatz blinkte, fuhr auf den Vorplatz und während das Auto noch rollte öffnete ich die Tür, kippte nach rechts und klatschte auf den Asphalt. Die Lunge öffnete sich wieder ein Stück und die einströmende Luft gab mir wieder Hoffnung, den Tag doch noch zu überleben. Mein Liebster sprang um den Wagen herum, der ungefähr zehn Meter von mir entfernt dann doch mal zum stehen gekommen war und ich freute mich, dass Schatz nicht noch erst vorschriftsmäßig einen Parkplatz gesucht hat, ehe er mir hilft. Er beugte sich zu mir runter, streichelte mir über die Wange und wollte einen Krankenwagen rufen. Ich jedoch, wieder einigermaßen schmerzfrei, griff seinen Pullikragen, zog in ganz dicht an mich heran und zischte mit der mir verbleibenden Kraft: *„Das Einzige was ich mir wünsche........* " ich schloss theatralisch die Augen, ließ ihn los, drehte meinen Kopf zur Seite, als wären es meine letzten Worte, atmete noch einmal tief ein und endete schließlich mit:

„....*das Einzige* (leises hüsteln) *sind* .....
(nochmaliges hüsteln) ... *große Park-plätze!!!*"

Dann sank ich gänzlich zu Boden, bereit vor den Schöpfer zu treten.

Fortan, sind wir nun in der Stadt unterwegs, geht die meiste Zeit dafür drauf, mir ein solches Erlebnis zu ersparen und riesen große freie Parkflächen ausfindig zu machen!

Einen Kaffee tu hier

Schatz und ich hatten beschlossen zu einer großen amerikanischen Kaffeehauskette zu gehen und dort während eines Einkaufsbummels zu pausieren. Schatz setzte sich in gemütlich anmutenden Plüschisessel und freute sich auf den koffeinhaltigen Erfrischungstrunk, sowie einen kalorienarmen, fünfstöckigen Schokoladenkuchen. Doch bevor es zu diesen orgastischen Gaumenfreunden kommen konnte, musste ich mich erst einmal anstellen. Besser einreihen... aber das liegt mir ja. Ich erwähnte bereits, dass ich aus der ehemaligen sowjetischen Besatzungszone stamme und wir es von Geburt an gewohnt waren uns in einer Reihe anzustellen, selbst wenn es außer der Reihe an sich gar nichts weiter gab. Selbst meine gute Mutter musste sich mehrere Stunden am Kreißsaal anstellen, bevor Sie mich gebären konnten. Nicht weil es so voll war, sondern damit ich mich schon daran gewöhne.

Also stellte ich mich brav hin und wartete. Da außer uns noch ungefähr 2.623.568 Bundesbürger den gleichen Gedanken hatten, war die Schlange eben auch entsprechend lang. Doch die Mitarbeiter waren schlaue Menschen. Sie haben jemanden abkommandiert, der schon mittendrin die Bestellungen aufnimmt.

Das war natürlich äußerst praktisch. Als ich nun an der Reihe war, bezirzte mich der junge Mann mit einer flötenden Stimme: *„Ein herzliches Willkommen, was möchten Sie denn gerne bestellen. Ich bin hier, um schon einmal heraus zu finden, womit wir Sie zufrieden stellen können. Bitte teilen Sie mir Ihre Wünsche mit! Danke"* Oh je, hatte er das etwa schon die ganze Zeit vor mir bei den anderen Kunden geträllert? Der Arme!
„Also gut...äh...ich freue mich bei Ihnen Gast sein zu dürfen" erwiderte ich,

denn ich bin ja höflich *„und ich würde mich bereit erklären einen, nein nein, zwei große Caffee Latte zum hier trinken zu bestellen und weil Sie so nett gefragt haben und ich auch etwas Geld in der Tasche habe, nehme ich noch zwei Muffins!*" Ich sagte Muuuffin, also genauso wie das Ding geschrieben, aber nicht gesprochen wird, weil ich so etwas äußerst lustig finde und der eben noch nette Bestellungsaufnehmer quittierte das mit einem *„Äh ja!*"

Dann fragte er mich noch, ob er für die Getränke meinen Namen bekommen könne, dann ginge das an der Ausgabe schneller, die Muffins, er sprach es natürlich Maffinn, wird er mir gleich persönlich geben. *„Klar, kein Problem...mein Name ist Nick, vier Buchstaben, ganz einfach Nick*"

Verdutzt schaute mich der Servicemitarbeiter an: *„Verzeihung wie heißen Sie? Ick?*"

„Nein nein, ich heiße Nick...also ENN..IEH..ZEH..KAH!"

Wobei ich das N beim buchstabieren deutlich betonte. Ein Lächeln huschte über sein Gesicht. Ich war mir aber nicht so sicher, ob er es wirklich verstanden hat, als fügte ich hinzu: *„Wenn ich nur Ick heißen würde, wäre das ja ganz schön blöd, meine Eltern waren so nett und haben mir dann eben doch ganze vier Buchstaben gegönnt!"*

Er gab mir die Kuchen mit dem hügligen Dach und wünschte mir noch einen schönen Tag. Im weggehen zur Kasse hörte ich ihn wieder flöten: *„Ein herzliches Willkommen, was möchten Sie denn gerne bestellen. Ich bin hier, um schon einmal heraus zu finden, womit wir Sie zufrieden stellen können. Bitte teilen Sie mir Ihre Wünsche mit! Danke"*

Nach weiterem warten an der Kasse und zwei vollen Tagen an der Ausgabetheke war es so weit, ich wollte meine beiden Heißgetränke entgegen nehmen. Ich baute mich am Tresen auf, streckte die Hand aus, um die zwei

Tassen zu greifen, hatte diese schon in Sichtweite, da brüllte die Dame von der Espressomaschine her: *„Zwei Caffee Latte zum hier trinken für....äääääh....also für.....äh....."* Sie hielt sich die Tassen ganz nah vor das Gesicht, um den kleinen Namenszettel besser lesen zu können *"...äh...also noch mal...zwei Kaffee Latte zum hier trinken für..."*

Jetzt sag schon. Ich verlor die Geduld. Zwei Wochen wartete ich nun schon auf dieses heiße Wasser mit Kaffeepulver und Milch und habe langsam keine Lust mehr. Sag meinen Namen, flehte ich innerlich. Die Hände immer noch weit ausgestreckt und griffbereit. Sag es!!!! Doch sie sagte es nicht, sondern meinte nur *"...also entweder für Doppel K oder Ick!!"*

Ihr Gesicht glich mehr einem Fragezeichen. Ich sagte erstmal nichts und meinte dann: *„Ich heiße NICK...vier Buchstaben...ENN IEH ZEH KAH!"* Laut und deutlich buchstabierte ich abermals meinen Vornamen. Als auch ich endlich einen Blick auf die Notiz werfen konnte sah ich, dass da nicht mein Name, sondern wirklich entweder KK oder ICK stand. So ganz genau war es tatsächlich nicht zu entziffern. Ich war frustriert und beschloss beim nächsten Mal Klaus oder Friedrich zu heißen. An unserem Tisch angekommen, wollte ich mein Erlebnis berichten, schaute ins Gesicht von meinem Schatz, dem inzwischen vom Warten ein langer weißer Bart gewachsen war. Amüsiert sagte er ganz trocken: *„Das ging aber schnell!! Und? Alles in Ordnung?"*

Ja! Übrigens Schatz, ab heute ist unsere Beziehung noch einfacher, nenn mich einfach Ick oder ruf mich Doppel-K.

Beischlafpanne

Man muss sich ja auch mal erholen können! Das dachten Schatz und ich auch. So flogen wir vor vielen vielen Jahren gemeinsam ein paar Tage auf die wundervolle Insel Fuerteventura. Wir waren auch gerade frisch verliebt und noch nicht lange zusammen, da ist so ein Urlaub gleich doppelt spannend. Da wir uns eben noch nicht lange kannten, ich in Berlin und der Schatz in Hamburg lebten, war es auch das erste Mal, dass wir mehr als nur zwei, drei Tage zusammen waren. Dadurch haben wir uns noch einmal näher, vor allem intensiver kennen und lieben gelernt. Da wir ja auch heute noch zusammen sind, kann es nicht all zu falsch gewesen sein. Allerdings wäre der Urlaub fast schon am ersten Abend beendet gewesen, hätten wir nicht Fortuna im Gepäck und unscren Schutzengel im Hotel gehabt.

Wir sind im Februar auf der Insel gewesen. In unserer Heimat lag Schnee, es war eisig kalt und die Gemüter waren frostig. Doch kaum fünf Stunden Flug, sowie der afrikanische Einfluss reichten aus, um uns und unsere käsigen Körper in ein sommerliches Gefilde zu katapultieren, augenblicklich die winterlichen Depressionen, gegen sommerliche Hochgefühle und unsere Rollkragenpullover, gegen die bloße nackte Haut am Strand zu tauschen. Vom Flughafen fuhren wir schnell ins Hotel, schauten uns kurz um und suchten ohne weiter Zeit zu vertrödeln ein schönes Fleckchen Küste, nur für uns. Wir waren so berauscht, dass wir es den anderen Badenden gleich taten und so, wie Gott uns geschaffen hatte, in die Sonne legten oder in die Fluten des salzigen Meeres warfen. Wenige Minuten reichten aus, um all den heimatlichen Stress vergessen zu lassen und uns frei und wohlig zu fühlen.

Aufgeheizt und voller Emotionen, kam es wie es kommen musste. Im Hotel zurück, hüpften wir unter die Dusche, aber anstatt anschließend fein zu Abend zu essen, hatten wir plötzlich etwas Besseres vor.

Unsere Machenschaften begannen im Bad, wurden weitergeführt im Wohnzimmer und sollten dann ihren Höhepunkt im Schlafzimmer des Ferienappartements erlangen.

Ich warf mich bäuchlings auf das Bett und erwartete das Finale. Mir wurde schon ganz taumelig und der Raum begann sich fast zu bewegen. Der Rausch war so stark, das ich glaubte, das Bett begann zu wanken und das, obwohl wir uns gerade erst darauf gelegt haben. Ich schloss die Augen und riss sie sofort wieder auf. Nicht weil ich Angst hatte, irgendetwas zu verpassen, sondern weil Schatz, das Bett und ich im selben Moment hart auf dem Boden aufprallten und ich zu allem Unglück auch noch mit dcm Kopf zwischen die Gittern des Fußteils rutschte und gegen die Wand knallte, gegenüber der Liege-stätte.

Als sich Staub und erste Verwunderung gelegt hatten bot sich uns ein merk-würdiges Bild. Schatz lag unter dem Fensterbrett. Das Mittelteil des Bettes war auf den Boden gekracht, die vier Füße lagen abgespreizt daneben und das Kopfteil lehnte an der einen Zim-merseite, während ich im letzten Bett-teil feststeckte und mit der Nase gegen die Wand gepresst, meinen Po in die Luft streckte und mit den Armen ver-suchte irgendwie frei zu kommen. Das Zimmer war so klein. Eigentlich passte nur das Schlafmöbel rein und man konnte gerade so drum herum laufen. Es sei an diesem Punkt auch darauf hingewiesen, dass man aus mir auch zwei gestanden Männer formen könnte und das eine Kollegin neulich gefragt hat, ob mein Six-Pack-Implantat ge-platzt und zu einem Schwimmringimp-lantat geworden ist. Doch ich nehme an, aus rein physikalischer Sicht hat das rhythmische Schwingen primär und nur sekundär das Überladen des Bettes durch meine Kilos zum Einsturz geführt.

Es dauerte eine ganze Weile, bis wir uns vom Schreck erholt und aus unseren Positionen befreit hatten. Schatz war als Erster auf den Beinen und hat wohl kurz überlegt, ob er an der spanischen Rezeption nach einem Wagenheber fragen soll, um auch mich aus der misslichen Lage zu befreien. Trotzt meines massigen Körpers und nur durch anstrengende kurze Stoßbewegungen, gelang es mir aber selbstständig frei zu kommen. Wir setzten uns auf die Trümmer des Bettes und überlegten angestrengt, wie wir dieses Dilemma wieder gerade biegen konnten.

Zunächst einmal bekleideten wir die nackten Körper, klaubten die herumliegenden Einzelteile auf und setzten sie Stück für Stück wieder zusammen. Unsere deutschen Winterschuhe nutzten wir zum hämmern. Wenn die Nachbarn unseres Appartements von unserem anfänglichen Liebesakt etwas mitbekommen haben sollten, werden Sie sich spätestens jetzt fragen, ob nebenan ein SM-Pärchen eingezogen ist, welches nicht mal im Urlaub auf andere Rücksicht nimmt und sich auspeitschender Weise im spartanische Schlafgemach die Seele aus dem Leib kloppt. Natürlich ist ein Schuh dem Fuße und dessen Bekleidung dienlich und nicht dem Nagel und dessen Verbindung mit dem Bettgestell, so dass zumindest ich mir mehr auf die Finger schlug, als auf das eigentlich zu treffende Ziel und meine weiblichen Seite mich zu andauernden Schreien und Wehklagen hinrissen.

So stellt man sich doch den gelungen Auftakt zum romantischen Liebesurlaub vor!
Essen sind wir an diesem Abend übrigens nicht gegangen, zumindest nicht im Hotel. Es reichte uns, trotz abendlicher 25 Grad unsere Rollkragenpullover wieder an zu ziehen und so, ganz inkognito, die Clubanlage zu verlassen, um an der Strandpromenade eine Pizza auf die Hand zu uns zu nehmen.

Das Bett ist während unseres restlichen Aufenthaltes übrigens noch ungefähr vierzehn Mal zusammen gebrochen. Lustiger Weise einmal sogar, als ich nur davor stand. Als wolle es mir sagen:

Nicht DER schon wieder!

Man möge mir verzeihen, dass ich zumindest an diese Liegestatt keine gute Erinnerung mehr habe!

Der Antrag

Im selben Urlaub erlebten wir noch einige andere Missgeschicke. Nicht das noch mehr zusammenbrach oder uns auf den Kopf fiel. Wobei... die Geschichte, als unser Mietwagen plötzlich in der wüstigen Landschaft Fuertes den Geist aufgab auch ganz witzig war, doch das ist eine andere Story.

Ich möchte gerne etwas anderes berichten und an dieser Stellen meinen Schatz bitten, sollte er überhaupt mal ernsthaft in Erwägung ziehen das hier alles zu lesen, zumindest hier schnell weiter zu blättern, denn im Nachhinein kann ich gut verstehen, dass dieses Kapitel unseres gemeinsamen Lebens traurige und auch schmerzhafte Erinnerungen in ihm weckt. Es ist nun aber geschehen und wie ich finde, trotzdem oder vor allem deshalb die folgende Geschichte wert.

Da wir ja wundervolles Wetter hatten und ein Bett, das man nicht mehr benutzen konnte, gingen wir gerne und oft aus unserem Zimmer und der Hotelanlage heraus. Natürlich verbrachten wir die Stunden des Tages am Strand und wer sich jemals sein Geschlechtsteil in spanischer Sonne verbrannt hat, wird auch die schlechten Seiten des nackten Sonnenbadens kennen und Badehosen schätzen gelernt haben. Im übrigen gibt es nichts ekelhafteres, als Brandsalbe auf Teile des Körpers aufzutragen, die zwar manchmal ganz schön heiß werden sollen, aber bei egal welcher Tätigkeit, niemals so rot aussehen dürfen, wie es bei mir der Fall gewesen ist. Böse Zungen mögen dem Wort Feuerwehrschlauch gerne eine neue Bedeutung geben, aber Gott sei Dank existiert von diesem Urlaubserlebnis kein einziges Foto, das wäre ja noch schlimmer.

Um aber die Schmerzen auf Brust, Bein, Arm, Gesicht, Po und eben dem „kleinen Mann" zu vergessen, gönnten wir uns Ausflüge ins Innere der Insel und abendliche Besuche in Strandcafes, Bars und Restaurants.

Nach einem besonders schönen Tag fanden wir in einem Hafen ein Fischlokal, an dem der Fang einheimischer Fischer frisch zubereitet und überteuert an die Touristen weiter verkauft wurde. Wir saßen auf einer Hafenmole. Ein kleiner Tisch, eine Kerze auf einem weiß-rot-karriertem Tischtuch, rote Stoffservietten, silbernes Besteck. Um uns herum leichte Musik. Das Meer rauschte zu unseren Füßen und die Brandung brach sich seicht am Ufer der Kaimauer. Über uns funkelten Milliarden Sterne und der zunehmende Mond hatte schon fast seine volle Größe wieder erlangt. In unseren Gläsern waberte schwerer spanischer Rotwein und auf unseren Tellern lag tot und sehr gut zubereitet ein Fisch, mit unaussprechlichem Namen und der Gewissheit, dass er oder sie noch vor wenigen Stunden im offenen Meer herum getollt ist, nichts ahnend, dass er, oder eben sie, an diesem wundervollen Essen teilnehmen und ein Rendezvous mit Salat und Pommes haben würde.

Es war so unaussprechlich romantisch, dass alle meine Freundinnen, denen ich im Nachhinein davon erzählte und vor allem erzählte wie es weiter ging, vor Verzücken stöhnten und sabberten. Doch am Ende meiner Erzählung reagierten sie alle gleich. Viele beendeten sofort unsere Freundschaft, riefen aber meinen Schatz noch an und gratulierten ihm zu diesem unsensiblen, sturen, dickköpfigen Idioten von Partner.

Das kam so:

Der wabernde Rotwein und diese unaussprechlich romantische Bilderbuchatmosphäre, sowie der Einfluss von Kerzenlicht, ließen Schatz zu einer Tat hinreißen, die ich ihm im Leben nie zugetraut hätte. Wir saßen schon ungefähr eine Stunde in diesem Restaurant, hatten aber der äußeren Einflüsse und der Stimmung wegen, schon seit gut sechzig Minuten nicht mehr miteinander gesprochen, so dass ich förmlich zusammen zuckte, als mein Schatz zu mir redete. Dabei hatte er einen völligen verklärten Blick, der mich zunächst glauben ließ, er wäre hacke dicht. War er nicht und die anschließende Tat bewies mir, er war nur total verliebt. In der einen Hand schwenkte er lasziv das Weinglas, so als wären wir nicht auf einer Hafenmauer, sondern in einem Schwarzwälder Winzerkeller zur Weinprobe und die andere Hand legte er zärtlich und sanft auf meine. Mir wurde heiß und kalt und ich dachte, der wird doch nicht?! Ich meine mein Schatz ist ein sehr, sehr, sehr realistischer Mensch. Er ist Schwabe. Ein Menschenschlag, die auch bei einem Lottogewinn über zehn Millionen nicht die Wimper zucken und das Ganze lediglich mit *„Hanoi s' isch wies is!"* kommentieren würden. Es wäre also entgegen seiner natürlich Art das zu tun, was er dann doch tat.

Mitten in mein zerknirschtes, verbranntes Gesicht fragte er mich, was tausende Männer und Frauen, angesichts dieser Umgebung, angesichts dieses Abends und angesichts dieser Atmosphäre hätte wie Butter dahin schmelzen und in Tränen ausbrechen lassen. *„Willst Du mich heiraten?"*

Ach Du liebe Güte. Was tun? Was sage ich denn jetzt? Wo ist denn der Notausgang und auf Toilette war ich auch lange nicht mehr. Gott ist das schon spät. Ach ich ... habe ich viel getrunken. Wie spät ist es eigentlich? Sollten wir nicht langsam fahren?

Im Rückblick hätte ich lieber eine mathematische Kurvendiskussion durchgeführt, als dieser Situation ausgesetzt zu sein.
Da ich nicht wusste was nun zu tun ist, sagte ich erstmal... Nichts!

Schatz streichelte weiter meine Hand, lächelte und sah immer mehr aus, wie ein treues kleines Hündchen, das darauf wartete, seinen Lieblingsspielzeug-gummiknöchelchen hingeworfen zu bekommen. Ob er in diesem Moment auch mit dem Schwanz wedelte, weiß ich nicht mehr. Als ich sechs Stunden später noch immer nichts gesagt hatte, außer:

„Puh...naja...äääh...was soll ich da sagen...ähm...danke....ich....äh...mehr Wein?" ließ dann auch der Glanz in seinen Augen nach und das Streicheln wurde allmählich   zum zerquetschen der Hand.

Ganz ehrlich...ich liebe diesen Menschen, noch genauso wie an diesem Abend und würden wir uns heute an diesem Hafen befinden, würde ich es wohl sein, der ihn fragt, doch zu diesem Zeitpunkt kam mir das einfach zu früh. Ich sah uns in dem Moment auf irgendeinem Standesamt eine Partnerschaftserklärung unterschreiben und im nächsten Moment Kinder adoptieren und unsere zukünftigen Urlaube in Wohnwagen, auf der Insel Usedom verbringen oder besser noch am Baggersee vor der Tür, weil der Ehe und der Kinder wegen kein Geld und keine Zeit mehr zum Leben bliebe. Ich sah mich in der abgetragenen Nylonkittelschürze meiner Mutter und meinen Schatz in den gelben Boxershorts meines Vaters, auf einem marineblauen Quelle-Ecksofa sitzen und ihm die zehnte Flasche Bier aufmachen, während in der Glotze Lindenstraße oder Motorsport lief. Ich hatte Angst vor Bausparverträgen und Rentenberechnungen und vor abendlichen Diskussionen, wer denn nun als nächstes von uns zu Hannefreds oder Merle-Paul-Peters Elternabend gehen soll. Wenn ich ganz ehrlich bin, hatte ich bei dieser Vorstellung nicht nur Muttis Kittelschürze, sondern auch ihre Hauspuschen, mit Bommel und Absatz an.

Für Schatz muss es gewesen sein, als wenn die Milliarden Sterne, der tote Fisch und der zunehmende Mond sich in einem Klumpen zusammen getan, es sich in einer Plastiktüte gemütlich gemacht hatten und der spanische Musiker mit dieser Tüte, zig tausend Mal auf Schatz einschlug, bis der vor lachen vom Stuhl fiel. Blöd nur, dass Schatz die ganze Sache nicht lustig fand und der Glanz des Glücks irgendwann in Glanz der Tränen wich.

Plumper als in dieser Nacht war ich in meinem ganzen Leben nicht wieder und das einzig positive was noch passierte, es stellte sich heraus:

Die Couch in unserem Appartement war wesentlich bequemer, als das kaputte Bett.

Schwule Berufe

Was können Schwule wohl werden? Diese Personen sind geradezu prädestiniert zum dienen und das nicht nur in sexueller Hinsicht. Viele Serviceberufe werden von Homosexuellen ausgeübt und diese fühlen sich oft sehr sehr wohl dabei.

Mir sind in meinem bisherigen kurzen schwulen Leben schon so mancherlei sonderbare Typen untergekommen und auch dies meine ich nicht sexuell.

Zum Beispiel Frisöre. Ein typisch schwuler Beruf. Heitidei die Schere geschwungen, kurz über den neusten Klatsch und Tratsch unterrichtet und heutzutage auch noch nebenbei den weltbesten Latte Machiato gezaubert. Eine halbe Stunde später sieht man aus, als wäre man gerade einem Schönheitsprospekt entsprungen. Na gut, zumindest hat man selbst den Eindruck, andere denken wahrscheinlich, wie mutig man ist, sich in fortgeschrittenem Alter, und das fortgeschrittene Alter fängt bei Schwulen so um die 18 Jahre an, noch mit so einer Frisur auf die Straße zu trauen. Dabei hat man sich diesen trendigen Haarschnitt gar nicht selber ausgesucht, er wurde einem, wie von selbst auf den Kopf gezaubert und der schwuppige Meistercoiffeur ist sich keiner Schuld bewusst. Man zahlt dann so um die 250,- Euro für die ganze Kreation.

Oder nehmen wir Verkäufer. Zeigen Sie mir eine Boutique für hippe Klamotten, in der nicht mindestens ein warmer Bruder herum läuft und irgendeinem übergewichtigen „Schätzchen" eine Leggins bis unter das Doppelkinn schnürt, ihr dazu viel zu kleine, viel zu rote Schnürrstiefelettchen an die fetten Füße bindet und dann behauptet, sie sähe aus wie Claudia Schiffer in Persona. Der Typ schafft es, innerhalb von zehn Sekunden die beste Freundin von dieser Schwabbeltasche zu werden und ihr den aller aller größten Mist für teuer Geld zu verkaufen. Anschließend schickt er dieses umgestylte Monster weiter zu einem suuuuuuuper lieben Freund, der entweder, wie vor beschrieben Frisör oder Visagist, besser noch Make-Up-Artist ist.

Noch so eine Berufssparte für schwuchtelige Mannsbilder. Ich vermute ja, dass solche Make-Up Macher eigentlich mal liebend gerne Kunst studiert hätten und sich zu Legenden wie van Gogh oder Dürrer einreihen wollten. Sie haben aber schon in der Grundschule so tollpatschig mit Wasserfarbe herum gekleckert, dass sie dann den Weg des geringsten Widerstandes gegangen sind und nun behaupten, wenn sie tonnenweise teures Make-Up im zarten Gesicht einer viel zu dicken Tussi verschmieren, wäre das auch eine Art Kunst. Manchmal jedoch grenzt es schon an ein Wunder, wenn diese arme pummelige Plunze sich überhaupt noch im Spiegel wieder erkennt.

Nicht nur, dass sie eingepackt wie eine Presswurst ist, sie sieht nach einem Besuch beim Visagisten auch noch aus, als wäre sie gegen den Lieferwagen einer Farbhandlung geknallt. Da die Schwulen sich aber schon immer aufs Reden und Bezirzen verstanden haben, ist Miss Piggy am Ende die glücklichste Person überhaupt und freut sich, dass es so kreative Tunten gibt.

Ich habe auch einmal Einzelhandels-kaufmann gelernt. Die Betonung liegt auf gelernt und das Ganze war nur auf-gezwungen. Meine Eltern wollten, dass ich was Anständiges mache. Hätten sie damals schon gewusst, dass auch ich mich eher zum anderen Geschlecht hingezogen fühle, hätten sie mich wahrscheinlich auf den Bau geschleppt. Ich stelle mir noch heute in manch schlafloser Nacht vor, was ich wohl so als Handwerker getan hätte. Wäre ich wie mein Vater Heizungsbauer gewor-den, hätte das zwar nichts an meinem Schwulsein geändert, aber ich wäre wahrscheinlich schneller ums Leben gekommen, als mir lieb gewesen wäre. Nicht etwa die Arbeitskollegen hätten mir ans Leder gewollt, wobei das bei dem ein oder anderen attraktiven Burschen sicher interessant geworden wäre, aber stellen Sie sich mal vor, ich hätte mir meine Fingernägel beim tragen eines öden dreckigen Heizkörpers abgebrochen. Das wäre doch der Tod! Wenn ich nun aber Maler geworden wäre? Ich hätte mich mit Farben und Formen austoben können, doch am Ende wäre ich wohl Visagist, anstatt Raumgestalter. Also habe ich mich für den Einzelhandel entschieden und durfte im Zuge meiner Ausbildung auch des Öfteren die Schaufenster unseres bescheidenen kleinen Geschäfts neu dekorieren. Das hat zwar ab und an Spaß gemacht, aber ich habe auch schnell die Lust dran verloren, denn so bald ich mit der einen Seite des Fensters fertig war und meinen massigen Körper auf die andere drehte, habe ich sämtliche Deko wieder abgeräumt und musste andauernd von vorne anfangen.

Daher bewundere ich noch heute die Schauwerbegestalter. Die Männer, die selber so aussehen, als würden sie im Schaufenster zur Dekoration ausstehen und die es schaffen, mit Hingabe und Eleganz ungefähr dreizehn Wochen die Fenster mit holzfarbenem Packpapier abzukleben, damit der Kunde nicht sieht , was dahinter geschieht und die Überraschung um so größer ist. Ich habe einmal einen solchen Kollegen gefragt, wann denn seine Umdekorierung zu Ende sei, schließlich laufe ich jeden Morgen hier vorbei und außer dem beigen Karton am Fenster ist ja nichts zu sehen, da muss ja Großes hinter passieren. Leider wusste ich zu dem Zeitpunkt noch nicht, dass auch Dekorateure so eine schwule Künstlergruppe sind und dass das, was ich ursprünglich für die Verhüllung gehalten hatte, die minimalistischste Schaufensterdekoration war, die ich je gesehen hatte. Es war im Übrigen auch das einzige Mal, dass ein Mann meinetwegen in Ohnmacht gefallen und er erst in der Notaufnahme des Krankenhauses wieder zu sich kam. Ich vermute aber, dem ist einfach nichts eingefallen und er hatte sich weinkrampfgeschüttelt Tag um Tag in das Schaufenster, hinter die blickdichte Pappe gesetzt und geschrien: „Mutti, Mutti wo bist Du? Ich brauche Dich doch so!" Und weil Mutti nicht kam, hat er schnell seine Homo-Gehirn-Zellen eingeschaltet und das ganze Ding als supi dupi kreativ Konstrukt abgeliefert. Motto – man sieht nichts, also muss man rein kommen.

Wir merken uns also, Schwule machen unser Serviceleben leichter. Sie bringen im Restaurant das Essen, waschen Dir die Haare, schneiden, rupfen und zupfen sie. Homos sind in Krankenhäusern, Altenheimen, Kinderheimen und Pflegeeinrichtungen überhaupt nicht mehr weg zu denken. Genau wie meine Oma sagt, wer - wenn nicht die, soll das denn machen. Auch wenn man manch Lustiges darüber schreibt, im Grunde sollten wir Respekt haben, zumindest vor denen, die wirklich was leisten. Jeden Tag an sich und vor allem für andere und unsere Gesellschaft.

Ganz gekonnt bin ich noch einen Serviceleister übergangen. Ich beschreibe erst einmal die Männer, die sich für diesen Job opfern. Sie sehen allesamt aus, als wären sie Models. Sprechen dreihundert verschiedene Weltsprachen und afrikanische Dialekte fließend. Kennen sich sowohl in der Welt der Stars und Sternchen, wie auch in den Königshäusern dieser Welt bestens aus, sind politisch und wirtschaftlich immer auf dem neusten Stand und können neben Essen und Getränken servieren auch noch Zeitschriften anreichen, Erfrischungstücher bringen, Wäsche bügeln, Kaffee machen, Tee kochen, lächeln, Garderobe aufhängen, Schuhe putzen, Kinder betreuen, Erste Hilfe leisten, Toiletten putzen, Schokolade anreichen und psychologische Betreuung leisten.
Die Rede ist von Flugbegleitern. Umgangssprachlich immer noch häufig als Steward genannt und von der Gesell-

schaft verkannt, ja sogar spöttisch als Saftschubse, Trolleydolley, Tomatensaftschwuchtel oder Kaffeetante bezeichnet. All das untergräbt, auf eine infame Art und Weise, den Stand und die Würde dieser Götter der Serviceleistung, die sich ihrer nicht zu schämen brauchen und sich auf gleicher Ebene mit einem Herrn von und zu oder einem Professor Doktor Doktor stellen können. Immerhin tragen sie eine Uniform. Natürlich schicker als die vom Militär und sie leben in den besten Hotels dieser Welt, sehen die schönsten Orte und treffen die Reichen und Mächtigen, so oft wie andere Leute Lieschen Müller oder Max Mustermann. Sie sind nicht der Durchschnitt, sie sind die Elite. Schweben sie mit abgeknicktem behandschuhten Ärmchen, ein Hartschalenkabinenköfferchen hinter sich her ziehend, durch die Terminals in New York, Singapur oder Paderborn-Lippstadt, weht der Hauch der weiten Welt hinter ihnen her. Jeder kann sehen... Die sind aus dem Moloch des Provinzfrisörstübchens aufgestiegen, haben das Gesichtsfarbekleistern hinter sich gelassen und brauchen auch nie wieder eine fette Wachtel in eine Größe 27 Jeans hinein pressen, brauchen keine Hotelbetten mehr beziehen oder sich an der Rezeption einer Dorfabsteige nasse Bademäntel um die Ohre werfen zu lassen.

Ich war immer der Meinung, es gibt bestimmte Beruf für Schwule. Einige habe ich nun schon mehr oder weniger genau beleuchtet, doch erst nach und nach in meinem Flieger- und Privatleben ist mir ein Licht aufgegangen. Es gibt Sie überall. Schwule Bäcker, Polizisten, schwule Ärzte und Lehrer, Bauarbeiter, Gärtner, Bankangestellte, Reinigungskräfte, Ingeneure, Studenten. Ja und glaube Sie mal nicht, dass nur Flugbegleiter vom anderen Ufer sind. Es gibt auch Piloten, die schauen nicht den hübschen Stewardessen hinterher. Im Gegenteil, die haben dann schon das ein oder andere Auge auf den hübschen Co-Piloten geworfen. Was meinen Sie, wenn der auch noch in derselben Liga spielt, dann wird so mancher Saunabesuch im Crewhotel heißer als geplant.

Ich kann Ihnen auch noch einen Rat geben, wie Sie erkennen, ob da im Cockpit zwei Jungs sitzen, die eben nur mit ihresgleichen und nichts mit der holden Weiblichkeit anfangen können. Kennen Sie das, wenn ein Flugzeug nach der Landung noch so drei bis zwanzig Mal hoch hobst, bevor es dann mal endlich auf dem Boden ankommt?

Sie können dann davon ausgehen, dass zumindest der Pilot der gelandet ist schwul sein muss und wenn nicht beide zusammen, er allein am Steuerknüppel sitzt und vor sich hin sagt: *„Hüpf, hüpf, hüpf und noch einmal hüpf … oh man war das wieder ein Bumms!"*
Dann ist er oder sind die beiden übrigens die Menschen, die für einen solchen „Bums" von den meisten Passagieren auch noch Applaus ernten. Aber das ist eine andere Geschichte. Sorry Jungs!

Zum Ende ...

Das war es erst einmal. Ich kann nicht mehr. Vorerst - Soll nicht heißen, dass es nicht weiter geht.
Ich danke Ihnen für Ihr Lesen und Ihr Lachen und ich bin glücklich, wenn es Ihnen gefallen hat. Diejenigen, wer auch immer, die meinen Humor nicht verstanden haben und keine Freude empfinden konnten, bitte denken Sie daran, das Leben ist schwer genug und wer nicht über sich selber lacht, was hat der denn schon noch vom Leben?

Ich will und wollte niemanden angreifen, nur Spaß machen.
Daher schaue ich jetzt in einen Spiegel und lache über mich, bis sich die Balken biegen.

Und Sie:

Passen Sie gut auf sich auf!